Para Elisa y Manuel, que vivieron nueve meses
en mi casa escondida
    E. O.

A mi compañero C. y su generosidad infinita
    A. S.

©2020 Esperanza Ortega, texto
©2020 Ana Suárez, ilustración
©2020 A buen paso

www.abuenpaso.com

Diseño gráfico: Estudi Miquel Puig

Impreso en España por Índice, SL

ISBN: 978-84-17555-38-2
Depósito legal: B 15332-2020

abuenpaso

¿Qué pasó en aquellos nueve meses?

ESPERANZA ORTEGA
ANA SUÁREZ

abuenpaso

Sssss, todo comenzó con un suspiro...

Sssss...

Sssss ... Sssss
Sssss ... Sssss

No tiene peso,
no tiene voz,
pero palpita
sin corazón.

Sssss ... Sssss
Sssss ... Sssss

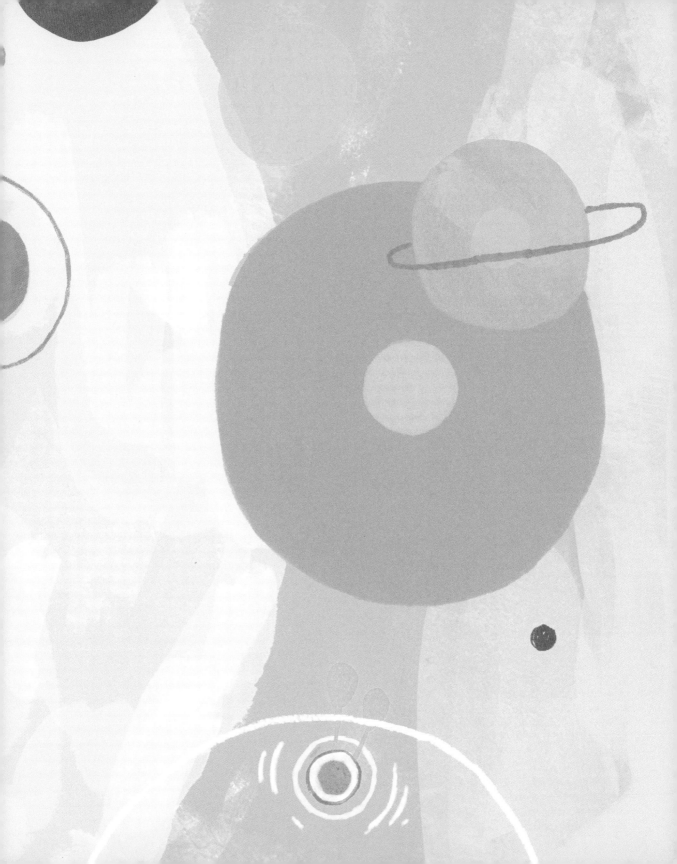

Como una lenteja

Aún no tiene pies,
aún no tiene orejas,
todavía es
pequeño y redondo
como una lenteja.

¡Puede ser un bebé!

No tiene alas,
no será un pájaro.

No tiene escamas,
no será un pez.

¿Qué podrá ser?

Tiene cuerpo y cabeza
¡Puede ser un bebé!

¡Mira qué suerte!

¡Mira qué suerte!
No necesita
nariz ni dientes.

Para comer
y respirar
tiene un cordón
um–bi–li–cal.

Y en su piscina
de agua caliente
flota y se estira
¡Mira qué suerte!

Dentro de mamá

Duerme y se despierta
cuando oye cantar.

—¡Distingo una voz,
la voz de mamá!

El dedo en la boca,
¿a qué le sabrá?

—A nada y a todo,
me sabe a mamá.

¿Estará contento
o sufre quizás?

—Sonrío dormido
pues sueño que vivo
dentro de mamá.

¡Ya soy mayor!

Ya soy mayor
¡Ya peso medio kilo!

Y distingo un sabor:
cuando chupa mamá
unas gotas de miel
¡Humm!, me saben tan bien...

Saben a corazón
derretido. Lo sé
aunque no sé decirlo.

¡Humm! Ya soy muy mayor
¡Ya peso medio kilo!

Papá no dice nada

Yo doy una patada,
mamá se pega un susto,
papá no dice nada.

¿Qué profesión tendrá?
–se pregunta mamá–
¿Artista?
¿Dentista?
¿Taxista?
¿Flautista
quizás?
Si fuera futbolista...

Eso dice mamá
y en su imaginación
me ve con un balón.

Papá no dice nada,
mas doy otra patada
y papá grita ¡Gooool!

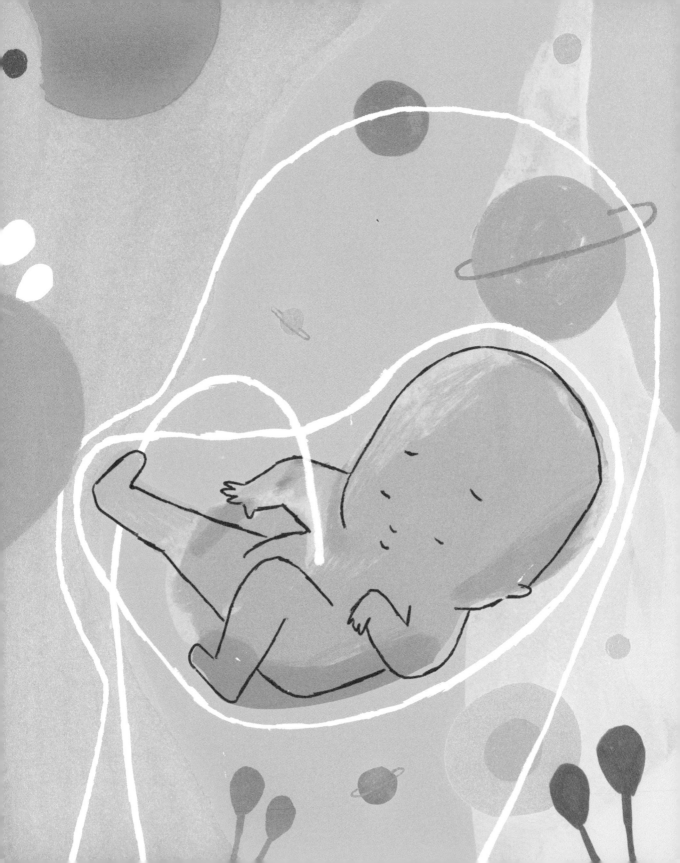

El mundo del revés

Parece que ha encogido
mi casita de carne.
¿El mundo es más pequeño
o es que yo soy más grande?

¡Por fin me di la vuelta!
Ya tengo la cabeza
debajo de los pies.

Al fondo hay una puerta.
¿Será acaso la entrada
al mundo del revés?

No sé
no sé

El tobogán

Me han dado un empujón
y otro
     y otro
         y otro
             ¿Será un terremoto?
¡Socorro!
¡Ya me quiero marchar!
Tendré que deslizarme
por este tobogán…
Pero es que es tan estrecho
que apenas si
me
puedo
e
s
t
i
r
a
r

¡Qué bien se está encima de mamá!

¡Oh! ¡Cuánta claridad!
Por fin abro los ojos
y veo un hada buena
que me da
de mamar.

¡Qué bien se está!

Y sabe a suave nata
y me habla con su voz.

Mamá,
¡soy yo!

Y huele a casa blanda
y alumbra con su luz.

Mamá,
¿eres tú?

No dice sí
no dice no,
mas me siento feliz
junto a su corazón,
me da calor su aliento
y me arrulla su voz.

¡Qué bien se está
encima de mamá!

1

El embrión acaba de fecundarse. No mide ni pesa apenas nada, pero ya se percibe en la ecografía como un punto que palpita.

2

La forma del embrión ya es redonda, del tamaño de una lenteja, apenas de 1 centímetro de diámetro.

3

El feto ya va adquiriendo el contorno de un bebé, aunque solo pesa unos 15 gramos y mide alrededor de 5 centímetros.

4

El feto respira y se alimenta por medio del cordón umbilical, mientras flota en el líquido amniótico. Allí se estira y da las primeras patadas, todavía imperceptibles para la madre. Pesa unos 100 gramos y mide unos 15 centímetros.

5

El feto se pasa casi todo el tiempo dormido, pero cuando se despierta, bosteza y se chupa el dedo. Ya comienza a reconocer algunos sonidos, sobre todo el de la voz de la madre.

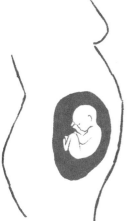

6

El feto ya pesa alrededor de medio kilo y mide unos 30 centímetros. Distingue los sabores y prefiere lo dulce a lo amargo.

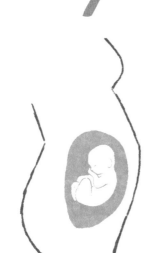

7

Los órganos del bebé ya están desarrollados casi por completo. Da patadas que se perciben con claridad y distingue otros sonidos, además del de la voz de la madre.

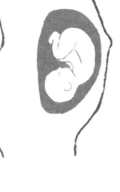

8

El bebé ha aumentado mucho de tamaño y por tanto tiene dificultad para moverse dentro de la placenta. Pesa más de 2 kilos y mide unos 45 cm. Antes de que termine el mes, se colocará con la cabeza hacia abajo, para facilitar su salida al exterior cuando llegue el parto.

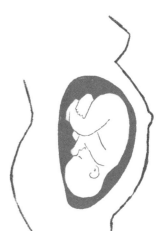

9

El bebé ya no cabe en el útero, necesita salir. En el momento del parto posee todos los sentidos, la vista, el gusto, el oído y sobre todo el olfato, con el que identificará el olor de su madre. Pesa alrededor de 3 kilos y mide unos 50 cm.